Uni im Café 4

Heinz-Joachim Müllenbrock

George Orwell – aktueller denn je

Originalausgabe
4. Auflage, November 2013
Müllenbrock, Heinz-Joachim
George Orwell – aktueller denn je
(Uni im Café 4)

Druck und Bindung: Docupoint Magdeburg
Printed in Germany
ISBN 978-3-943556-20-9

Besuchen Sie uns im Internet:
www.verlag-blaues-schloss.de

Bibliografische Information der Deutschen Nationalbibliothek
Die Deutsche Nationalbibliothek verzeichnet diese Publikation in der deutschen Nationalbibliografie; detaillierte bibliografische Angaben sind im Internet über http://dnb.ddb.de abrufbar.

Uni im Café

Universität und **Stadt**, das sind zwei verschiedene Gemeinschaften in einer Universitätsstadt. Die Universität ist der traditionelle Sitz des Wissens, die Stadt der Ort des Wohnens, der Wirtschaft und der Verwaltung.

Die Veranstaltungsreihe *Uni im Café* der Neuen Literarischen Gesellschaft wurde 2009 mit Prof. Dr. Ernst Nolte eröffnet. Sie trägt die Universität in die Stadt und macht sie einem breiteren Publikum zugänglich. Deshalb finden seitdem regelmäßig Vorträge und Diskussionen im Marburger *Café Vetter* statt. Dort bietet sich auch außerhalb einer universitären Öffentlichkeit den Wissenschaftlern der Universität Marburg und zahlreicher anderer deutscher Universitäten eine Möglichkeit, über ihre Forschungsergebnisse zu sprechen.

Auf Grund des großen Interesses publiziert der Verlag *Blaues Schloss* einige ausgewählte Vorträge in der Reihe:

„Uni im Café"

Marburg, im November 2013

Ludwig Legge, Neue Literarische Gesellschaft Marburg

K. H. Symon, Verlag Blaues Schloss · Marburg

HEINZ-JOACHIM MÜLLENBROCK

George Orwell - aktueller denn je

Vortrag im Café Vetter am 6.1.2013

I

Meine sehr geehrten Damen und Herren!

In meiner utopiegeschichtlichen Vorlesung pflegte ich meine Ausführungen zu Orwell mit dem Satz zu beenden: „Meine Damen und Herren! Wenn ich einen Hut besäße, vor George Orwell würde ich ihn ziehen". Was ist der Grund für meine Hochachtung? Die Antwort lautet: sein unbestechlicher, bewundernswerter Wahrheitsdrang, mit dem er die politische Wirklichkeit durchleuchtet und - von der politischen Linken kommend und sich selber als Sozialist verstehend - namentlich die pervertierte Ideologie des Kommunismus entlarvt hat.

Orwells literarische Laufbahn war von Anfang an von dem Bestreben bestimmt, sich der gesellschaftlichen und damit der menschlichen Realität zu stellen; er war von Beginn an ein politischer Schriftsteller, ein Publizist sein ganzes Werk hindurch. Diesen politischen Antrieb hat er in seinem autobiographischen Essay „Why I Write" (1946) als entscheidendes Motiv für seine schriftstellerische Tätigkeit herausgestellt (*CE*, I, 1-7). Ich lasse zunächst in elementarer Knappheit Stationen seiner literarischen Karriere in den dreißiger Jahren Revue passieren, um den Anschluss an die weltberühmten Werke herzustellen, die nach dem Zweiten Weltkrieg erschienen und denen mein besonderes Interesse gilt. Von allen diesen Vorkriegswerken lassen sich Verbindungslinien zu *Nineteen Eighty-Four* ziehen. Im übrigen beabsichtige ich keine Gesamtdeutung Orwells aus literaturwissenschaftlicher Perspektive, sondern konzentriere mich, wie mein Vortragstitel ankündigt, auf das gegenwartsrelevante Potential seines kontextgebundenen Schaffens.

Schon sein Erstlingswerk *Down and Out in Paris and London* (1933), ein autobiographischer Dokumentarbericht, in dem der Eton-Zögling sein eigenes Leben als Deklassierter verarbeitet, zeigt Orwells schonungslosen Wirklichkeitssinn in den Beschreibungen des schäbigen Daseins der Armen, die als Vorstudien zu der Schilderung der Lebensverhältnisse der *proles*, der untersten Bevölkerungsschicht in *Nineteen Eighty-Four*, betrachtet werden können. Orwells Zugriff auf die Wirklichkeit wird durch stilistische Merkmale unterstrichen. Eine ganz auf Informationsvermittlung abgestellte Syntax mit relativ kurzen, gut ausbalancierten Sätzen, die keine vom Gegenstand ablenkende, rein euphonische Verselbständigung erfahren, und eine überflüssige Wörter meidende, den einfachsten Ausdruck bevorzugende Diktion arbeiten der von Orwell beabsichtigten Eroberung der Wirklichkeit zu. Dieser lakonische, knappe Sachorientierung anstrebende Sprachstil prägt auch die im folgenden erwähnten autobiographisch-dokumentarischen Bücher und hat sich im wesentlichen bis in sein Spätwerk hinein erhalten.

Auch der Roman *Burmese Days* (1934), der die Orwell moralisch belastende Tätigkeit als Angehöriger des indischen Polizeidienstes schildert, ist realitätsgesättigte *littérature engagée*. Ohne jegliche Konzessionen an nationale Wunschbilder, wie Kipling sie noch gezeichnet hatte, deckt Orwell die Korrumpierung der Beziehungen zwischen Kolonialherren und

Eingeborenen durch den Erwartungsdruck der die wahren Interessen der Kolonialmacht verschleiernden Empire-Ideologie auf. Orwell vermeidet jedoch eine billige antiimperialistische Polemik, denn trotz gewisser parodistischer Übersteigerungen werden die Engländer nicht als Bösewichte, sondern als Opfer der Umstände dargestellt, und der eigentliche Schurke ist ein Birmane.

Sein politisches Engagement artikulierte sich auch in der auf Anregung des Verlegers Victor Gollancz verfassten und vom Left Book Club veröffentlichten autobiographischen Sozialreportage *The Road to Wigan Pier* (1937), einem Juwel sozialkritischer Literatur, obwohl in keiner der bekannteren Literaturgeschichten auch nur erwähnt. Orwells durch nüchterne Detaildichte geprägter Bericht über die menschenunwürdigen Lebensbedingungen der Grubenarbeiter von Lancashire und Yorkshire kam gerade dank seiner dokumentarischen Ungeschminktheit einer bitteren Anklage der gegenüber solchen Verhältnissen indifferenten herrschenden Klassen gleich. Dass Orwell zugleich mit Angriffen auf die englischen Sozialisten nicht sparte, wodurch sein Buch zu einer höchst merkwürdigen Werbung für den Sozialismus geriet, unterstreicht sein unbequemes, eindeutige Etikettierungen verwehrendes Einzelgängertum. Linientreue Sozialisten haben bis heute mit dem freischwebenden Sozialisten Orwell ihre liebe Not.

Mit *Homage to Catalonia* (1938) beschließe ich meinen Vorspann, denn dieses Buch markiert bereits in wesentlicher Hinsicht den Übergang zu den späteren Werken, die heute im Mittelpunkt stehen sollen. Es dokumentiert den stalinistischen Verrat an den Idealen der spanischen Revolution. Der sich als demokratischer Sozialist verstehende Orwell, Sympathisant und seit Juni 1938 Mitglied der Independent Labour Party, hatte sich in einem Akt spontaner Loyalität zur Teilnahme am Spanischen Bürgerkrieg entschlossen und trat der trotzkistischen Splittergruppe Partido Obrero de Unificación marxista (POUM) bei; als Milizionär kämpfte er gegen die Truppen Francos. Bei seiner Rückkehr nach Barcelona nach einer Verwundung wurde Orwell, der die Russifizierung Kataloniens miterlebte, im Mai 1937 zum Augenzeugen der Verfolgung und Liquidation der antistalinistischen Linken. Die Entdeckung der gleichen totalitären Tendenzen in den Reihen der Kommunisten, auf deren Seite er den Totalitarismus zu bekämpfen glaubte, wurde für Orwell zum Wendepunkt seines Lebens.

II

Nachdem seine Vorkriegsveröffentlichungen, unter ihnen Romane wie *Keep the Aspidistra Flying* (1936), nur eine bescheidene Resonanz gefunden hatten, errang Orwell mit seinen nach dem Zweiten Weltkrieg erschienenen Büchern *Animal Farm* (1945) und *Nineteen Eighty-Four* (1949) sogleich Weltruhm. Dabei tut man Orwell kein Unrecht, wenn man feststellt, dass sein durchschlagender Erfolg aus dem Stand sich nicht nur literarischen Qualitäten, sondern in erheblichem Maße auch der politischen Großwetterlage des Kalten Krieges verdankte. Dieser späte Orwell macht seine beklemmende Aktualität aus, wobei seine Nachkriegswerke nur die Intensivierung seines schon vorher spürbaren Wahrheitsdrangs durch den Katalysator Zeitgeschichte offenbaren. In *Animal Farm* steht der weltberühmt gewordene Satz „All animals are equal but some animals are more equal than others" (S. 114), ein Satz von genialer Einfachheit, mit dem Orwell dem Kommunismus Stalinscher Prägung die Maske vom Gesicht riss. Ganz nebenbei: die Herrschaft der Kommunistischen Partei im heutigen China verträgt sich offenbar sehr wohl mit einer enormen sozialen und wirtschaftlichen Ungleichheit. Die Dekuvrierung des Verrats der revolutionären Ideen in dieser Tierfabel behagte der von Orwell verachteten linken Intelligentsia Englands nicht - das Wort „Intelligenz" bedeutet bei Orwell übrigens immer „linke Intelligenz". Damit kommen wir zum *nitty-gritty* (wie Margaret Thatcher zu sagen pflegte) meiner themengebundenen Betrachtung, der beängstigenden Aktualität des Publikationskontextes von *Animal Farm*. Orwells Manuskript war von vier englischen Verlagen (darunter Faber & Faber mit T.S. Eliot als Gutachter) in opportunistischer Leisetreterei abgelehnt worden - von den amerikanischen will ich gar nicht erst reden –, um die Sowjetunion, den Verbündeten Englands, nicht zu brüskieren. In diesem Zusammenhang möchte ich Ihnen nicht vorenthalten, denn ich bin trotz meiner Bewunderung für Orwell nicht mit hagiographischen Ambitionen zu Ihnen gekommen, dass Orwell in den Jahren 1941 bis

1943, als er für die BBC arbeitete, durchaus bereit war, die von der politischen Spitze vorgegebene Linie Russland gegenüber zu unterstützen - „our Russian allies“ heißt es in Orwells Formulierung unter dem 18.7.1942 (*WC*, S. 115). Der Abschluss des Hitler-Stalin- Paktes am 23. August 1939 hatte Orwells Antipathie gegen einen imperialistischen Krieg Einhalt geboten. Er lieferte seine Beiträge sogar unter Zensurbedingungen, wie in dem von W. J. West herausgegebenen Band der Orwellschen *War Commentaries* (1985) nachzulesen ist. Offenbar wogen in dieser Zeit, als die militärische Lage noch unklar war, patriotische Empfindungen schwerer als moralisch-ethische Bedenken gegenüber dem Bundesgenossen Englands. Allerdings betrachtete sich Orwell weiterhin als revolutionären Patrioten, der von dem Krieg bemerkenswerterweise zugleich den Sturz der herrschenden englischen Klasse erhoffte, den er vielleicht als Folge einer Reihe militärischer Niederlagen eintreten sah.

Die Imponderabilien, von denen Bismarck in bezug auf die Politik sprach, gelten nicht zuletzt für menschliche Individuen, und Unwägbarkeiten gibt es auch in der Persönlichkeit Orwells, dessen publizistisches Verhalten nicht absolut vorausberechenbar war. Bei seinem freiwilligen Abschied von der BBC hat Orwell seine Tätigkeit, die der Sympathiewerbung im indischen Kolonialreich dienen sollte, als unfruchtbar weil wirkungslos bezeichnet. Im übrigen schneidet die BBC in ihrer fiktionalen Umwandlung als „Ministry of Truth“ alias „Minitrue“ in *Nineteen Eighty-Four* nicht gerade rühmlich ab. Zu den unerfreulichen Aspekten dieser Institution gehörte für Orwell auch der ständige Kohlgeruch in der Betriebskantine der BBC in der Oxford Street. Derartige Gerüche besaßen für Orwell eine soziologische Aussagekraft. In *Nineteen Eighty-Four* verbreitet das Schmorfleisch in der Kantine des Ministeriums einen unangenehm säuerlichen Geruch, und der Flur des bescheidenen Hauses, in dem Winston Smith wohnt, riecht nach Kohl. Solche olfaktorischen Angaben unterstreichen die das ganze Buch durchziehende deprimierende Atmosphäre. Aber ich wollte ja nicht interpretieren, sondern aktualisieren.

Nun zu meinem eigentlichen Anliegen. Im Zusammenhang mit der Zurückweisung seines Manuskripts für *Animal Farm*, im späten Frühjahr oder Frühsommer 1945, schrieb Orwell den erst am 15. September 1972 im *Times Literary Supplement* veröffentlichten Essay „The Freedom of the Press", dessen Situationsbeschreibung makabre Parallelen zur heutigen deutschen Medienlandschaft aufweist. In diesem Essay beleuchtet Orwell den unheilvollen Umstand, dass in England Zensur weitgehend freiwillig ausgeübt werde, um unbequeme Ideen totzuschweigen. Er spricht von „veiled censorship" (S. 1037), also verschleierter Zensur, die offizielle Verbote überflüssig mache; es sei einfach nicht angängig, gewisse Dinge auszusprechen. Orwell sah die Pressefreiheit zu Recht bedroht, denn, wie schon Voltaire betonte, ihr entscheidendes Kriterium besteht darin, für die freie Meinungsäußerung gerade derjenigen einzutreten, deren Ansichten man ablehnt oder gar verabscheut. Freiheit, schrieb Orwell zur Verteidigung von

Animal Farm, sei das Recht, den Leuten das zu sagen, was sie nicht zu hören wünschen.

Orwells Charakterisierung der damaligen englischen Situation lässt sich fast nahtlos auf die heutigen deutschen Verhältnisse übertragen. Auch in der gegenwärtigen Bundesrepublik wird durch die Unterwerfung von Presse und elektronischen Medien sowie politischen Parteien (man könnte polemisch, wie schon getan, von einem politisch-medialen Komplex sprechen) unter das Tunlichkeitsgebot eine freiwillige Zensur praktiziert, die der veröffentlichten Meinung einen Maulkorb anlegt. Ich erinnere nur an den dann fehlgeschlagenen Versuch, die von Thilo Sarrazin in seinem hier nicht inhaltlich zu bewertenden Buch *Deutschland schafft sich ab. Wie wir unser Land aufs Spiel setzen* (2010) geäußerten Überlegungen totzuschweigen, indem man den Autor zu einer Unperson degradierte (*unperson* ist übrigens ein von Orwell erfundenes Wort). Ähnliche Beispiele ließen sich leicht anführen. So ist etwa die Tendenz unverkennbar, kritische Stimmen zur Lage der Europäischen Union bzw. überhaupt zu der als sakrosankt betrachteten deutschen Europapolitik mit Schweigen zu übergehen. Ein Autor wie Hans Herbert von Arnim konnte von vornherein nicht mit einer sachgerechten Würdigung der Argumente rechnen, die in seinem von mir gleichfalls nicht inhaltlich zu beurteilenden Buch *Das Europa-Komplott. Wie EU-Funktionäre unsere Demokratie verscherbeln* (2006) vorgebracht wurden, weil sie gegen den vorgeschriebenen Benimmkodex (das *comme il faut*) des politisch-medialen Establishment verstießen. Selbst letzteres gibt allerdings manchmal kleinlaut zu, dass die immer weiter wuchernde Brüsseler Mammutbürokratie mit 40.000 Beamten inzwischen Orwellsche Dimensionen erreicht hat. Einer freiwilligen Zensur darf man es auch zuschreiben, dass personenbezogene Details von Straftatverdächtigen oder Straftätern nichtdeutscher Abstammung beharrlich verschwiegen werden. Dafür mag es gute Gründe geben, aber diese müssten von den politischen Instanzen offen dargelegt werden. Orwell hat die englische Intelligentsia der Feigheit geziehen; ein erschreckender Mangel an Zivilcourage darf vielen heutigen deutschen Journalisten ohne Arg bescheinigt werden, insbesondere wenn man das zuvor erwähnte Kriterium anlegt. Hilde Domin diagnostizierte übrigens schon 1983 in ihrem Essay „Zivilcourage: ein Fremdwort" dieses immer spürbarere deutsche Defizit. Es kann nur als traurige Fehlentwicklung verbucht werden, dass es mehr tatsächlich praktizierte Meinungsfreiheit im kaiserlichen Deutschland vor einem Jahrhundert und in der frühen Bundesrepublik vor einem halben Jahrhundert gab. Zwischen Theorie und Praxis freier Meinungsäußerung klafft nicht selten ein großer Abstand, wie der ehemalige Bundespräsident Christian Wulff veranschaulichte, als er der Meinungsfreiheit durch einen Anruf beim Chefredakteur der *Bild*-Zeitung auf die Sprünge helfen wollte. Damit Sie nicht denken, dass ich mit meiner negativen Einschätzung übertreibe, erlaube ich mir, das Urteil eines einseitiger Wahrnehmung unverdächtigen ausländischen Beobachters anzufügen: als der langjährige Deutschlandkenner John le Carré, hierzulande vor allem durch seinen Roman *A Small Town in Germany* (1968) bekannt geworden, vor wenigen Jahren um eine vergleichende Stellungnahme zu der alten, ihm vertrauten Bundesrepublik und der neuen Berliner Republik gebeten wurde, antwortete er dem Interviewer, dass er im heutigen Deutschland am meisten die frühere Liberalität im öffentlichen Meinungsklima und echte Kontroversen vermisse (*Nürnberger Nachrichten*, 2.6.2007). Orwell hätte seinem Kollegen und Landsmann hier gewiss zugestimmt.

III

Bevor ich zu Orwells Jahrhundertbuch komme, ein paar einschränkende Bemerkungen. Ich werde auf dessen zeitgeschichtliche Komponente im engeren, gewissermaßen lokalen Sinne nicht eingehen. Dazu gehören u. a. die schäbigen Lebensbedingungen, denen Winston Smith ständig ausgesetzt ist: der Kantinenfraß, die Kleiderkarten, die Sechzigstundenwoche, die Schokoladenrationen, der Mangel an Rasierklingen und der Epilepsieanfälle verursachende Victory Gin. Bei all dem handelt es sich um eine vollkommen realistische, leicht graugefärbte Wiedergabe der tatsächlichen Verhältnisse im Kriegslondon, wie mir mein akademischer Lehrer Ludwig Borinski bestätigt hat, der damals als Emigrant in England lebte. Die von Orwell machtpolitischen Verschiebungen angepasste internationale Konstellation wird durch die ständig undurchschaubare Kriege miteinander führenden Superstaaten Ozeanien, Eurasien und Ostasien bestimmt. Diese Scheinkriege dienen lediglich dazu, die Entbehrungen zu rechtfertigen, mit denen die Bevölkerung in permanenter Abhängigkeit gehalten wird. Großbritannien ist in dem von den U.S.A. beherrschten Ozeanien aufgegangen; Orwells ironische Bezeichnung „Airstrip One" für England zeigt sein Gespür für das Schrumpfen einstiger britischer Weltgeltung an. Ein heißes Eisen ist bis heute verständlicherweise die antisozialistische Stoßrichtung von *Nineteen Eighty-Four*. Der Einwand, dass *Ingsoc*, Orwells Schreckensvision eines zukünftigen Sozialismus, nichts mit dem Sozialismus zu tun habe, den die Labour Party nach ihrem Wahlsieg 1945 einführte, ist kaum von der Hand zu weisen. Sein Verleger Frederic Warburg hat das in dem Buch beschriebene System in einer ersten Stellungnahme als eine absichtliche und sadistische Attacke auf den Sozialismus und sozialistische Parteien allgemein bezeichnet. In *1985* (1978), seiner zeitgemäßen Reprise von *Nineteen Eighty-Four*, hat Anthony Burgess die Ansicht vertreten, dass Orwell ein rein intellektuelles Gedankenspiel ohne nähere Tuchfühlung mit den zeitgenössischen politischen Realitäten Englands inszenieren wollte. Ich persönlich kann mir nur schwer vorstellen, dass Orwell lediglich eine Attacke gegen bloß abstrakte Kontrahenten reiten wollte.

Nun aber zu meinem eigentlichen thematischen Anliegen. Der Romantitel *Nineteen Eighty-Four* ist längst, von Autor und Werk abgelöst, zu einem ominösen Warnsignal für die brutale Unterdrückung des

Menschen durch finstere staatliche Mächte geworden, der Begriff *Big Brother* ist Synonym für allumfassende Bespitzelung des Bürgers, und die Folterkammer O'Briens, in der Winston Smith ‚umgebogen' wird, ist der archetypische Ort hemmungsloser diktatorischer Grausamkeit - ein juristischer Kollege (und Strafrechtler sind eigentlich nicht gerade besonders zart besaitet) konnte den Roman wegen der Rattenkäfigszene nicht zu Ende lesen! In der fiktionalen (und fiktiven) Welt von *Nineteen Eighty-Four* ist der Durchschnittsbürger Winston Smith staatlicher Repression ausgesetzt. Er kann sich zu keiner Zeit der Beobachtung durch die Zweiwegetelevisoren der Gedankenpolizei (*Thought Police*) entziehen, die pausenlos manipulierte Nachrichten, politische Direktiven und minderwertige Unterhaltung ausstrahlen und die sich nicht abstellen lassen - das immerhin dürfen wir noch! Orwell sagt ausdrücklich, dass dadurch zum ersten Mal die Möglichkeit bestand, „complete uniformity of opinion on all subjects" (S. 165), also völlige ideologische Gleichschaltung, zu erzwingen. Das Überwachungssystem wird durch Abhörmikrophone und versteckte Objektive vervollständigt, so dass jede Bewegung Winston Smiths (einschließlich seiner inneren Erregung) kontrolliert werden kann

Es liegt auf der Hand, dass dieser technische Aspekt, der schon früh Anlass zu Befürchtungen gegeben hat, mühelos in die Gegenwart extrapoliert werden kann, drohen doch dank technologischer Verfeinerungen immer neue Eingriffe in die Privatsphäre durch elektronisches Ausspähen - zu erwähnen ist etwa die vom Bundesverfassungsgericht bereits als grundgesetzwidrig monierte Vorratsdatenspeicherung. Inzwischen widmen sich Bücher und Ausstellungen dem Ende des Privaten und den Möglichkeiten seiner Verteidigung. Die Ansicht, dass Einrichtungen wie Google Street View oder Facebook die Privatsphäre als Schutzraum vernichtet haben, ist keine Einzelmeinung. Der Name Orwell taucht bei der Erörterung dieses Themenbereichs wie auch der wachsenden Kontrolle des öffentlichen Raums durch Videofahndung regelmäßig auf. Die *Frankfurter Allgemeine Sonntagszeitung* (4.11.2012) beschwor vor kurzem im Zusammenhang mit der geplanten Einrichtung einer Antiterrordatei die Gefahr einer ungehemmten, unkontrollierbaren Überwachung der Bevölkerung anhand riesiger Datenmengen, zumal das Trennungsgebot zwischen Polizei und Nachrichtendiensten auf der Datenebene immer mehr gelokkert werde. Ich kann auf diese Dinge nicht eingehen, weil ich von der technischen Seite zu wenig verstehe. Mir erscheint aber die Annahme plausibel, dass das Risiko irrtümlicher Kriminalisierung durch Digitalisierung zunehmen wird.

In meiner Absicht, die ungebrochene Aktualität von *Nineteen Eighty-Four* sichtbar zu machen, konzentriere ich mich auf einen spezifisch Orwellschen Gesichtspunkt - das Problem der technischen Manipulierung des Menschen wird ja auch in vielen Science Fiction-Werken behandelt. Außerdem hoffe ich, meine philologische und rhetorische Kompetenz, soweit vorhanden, aus dieser Perspektive mit Gewinn einzubringen Mit dem Begriff *Thought Police* ist das entscheidende Stichwort schon gefallen. Man würde annehmen, dass in einer Zeit, in der, zumindest in der westlichen Welt, die physische Vernichtung des Menschen durch staatliche Willkür gebannt ist - aber physischer Terror nimmt ja in *Nineteen Eighty-Four* einen breiten Raum ein - , in einer Zeit, in der die biologisch-technologische Transformation des Menschen rasante Fortschritte macht, Aldous Huxleys hedonistische, auf sanfte Disziplinierung setzende Antiutopie *Brave New World* (1932) ungleich gegenwartsrelevanter sein müsste als Orwells düstere Vision. Bereits der allererste Absatz von *Nineteen Eighty-Four* stimmt ja mit seiner Häufung ominöser Daten auf die Verdüsterung von Orwells Ausblick ein. Während man sich beim Lesen von *Brave New World* nicht des Gefühls erwehren kann, dass den Bewohnern der schönen neuen Welt die verdiente, nicht einmal abgelehnte oder gar abzulehnende Quittung für ihre oberflächliche Bequemlichkeit präsentiert wird, lässt *Nineteen Eighty-Four* eine solche Reaktion nicht mehr zu und macht den Leser nur betroffen. Bei Huxley kann man noch lächeln, bei Orwell nicht, dessen herbe Wirklichkeitssicht heutigen, für tragische Befunde weniger aufgeschlossenen Rezipienten eine harte Nuss zu knacken gibt. Ob Winston Smith als tragischer Held eingestuft werden darf, ist eine offene Frage, die man dann bejahen wird, wenn man es als schmerzlich empfindet, dass mit der Zerstörung seiner Integrität als Mensch Werte untergehen, die nicht untergehen dürften. Der Ansicht von Orwells geringerer Aktualität neigte auch ich zu, sehe mich aber nicht zuletzt durch Fehlentwicklungen im eigenen Land während der letzten Jahrzehnte veranlasst, das Aktualitätspotential von *Nineteen Eighty-Four* deutlich höher als angenommen zu veranschlagen.

Orwells Zukunftsstaat wird von der allmächtigen Einheitspartei beherrscht, die sich in Mitglieder der inneren Partei (ungefähr 2 % der Bevölkerung) und der äußeren Partei (etwa 13% der Bevölkerung) gliedert. Die darunter befindlichen arbeitenden Massen, von Orwell *proles* genannt, bilden die Basis des totalitären Staates. Sie sind völliger Vernachlässigung ausgeliefert und erfreuen sich, weil sie wegen ihres politischen Desinteresses den Machthabern kaum gefährlich werden können, sogar einer unwürdigen Freiheit. Durch die Züchtung eines primitiven Patriotismus (die regelmäßigen Hass-Sendungen) werden sie bei Laune gehalten. Mit diesem letzteren Aspekt schreibt Orwell lediglich in der politischen Realität Englands beobachtete Erscheinungen utopisch zweckmäßig fort. Es handelt sich insgesamt um eine feindselige Karikatur der bis in Orwells eigene Zeit hineinreichenden englischen Gesellschaftspyramide des 19. Jahrhunderts mit einer weitgehend erblichen aristokratischen *ruling class*, die sich aus einer breiteren Mittelklasse ergänzte und die unteren Klassen weitgehend sich selbst überließ. Dass die *proles* trotz ihrer abschätzigen Darstellung der einzige Hoffnungsanker für die Zukunft sein sollen, wie Winston Smith seinem Tagebuch anvertraut (S. 59, 69), leuchtet nicht recht ein, bedarf aber in diesem Zusammenhang keiner näheren Betrachtung. Oceania, der Staat des Jahres 1984, ist trotz des mühelosen Niederhaltens der praktisch vogelfreien Massen ein gigantisches Gedankengefängnis, in dem systematisch die Abschaffung einer objektiv überprüfbaren Wirklichkeit betrieben wird. Orwell hatte in seiner „As I Please"- Kolumne für die Zeitschrift *Tribune* vom 4. Februar 1944 ausdrücklich erklärt, dass das eigentlich Erschreckende am Totalitarismus nicht darin bestehe, dass dieser Grausamkeiten begehe, sondern darin, dass er die Vorstellung objektiver Wahrheit angreife (*CE*, III, 88).

Seine wichtigste Institution hierfür, die Gedankenpolizei, drangsaliert die Bevölkerung nicht nur durch äußere Bedrückung, sondern bedient sich vor allem auch subtilerer Methoden, nämlich um Macht über die Köpfe zu erlangen. Ihr ausgeklügeltes Disziplinierungsinstrument ist die *Newspeak* genannte Sprache, die das herkömmliche Englisch allmählich verdrängen soll. Sie zeigt gewisse Anklänge an das von C. K. Ogden in den zwanziger Jahren geschaffene und empfohlene *Basic English.* Ähnlich wie vor ihm H. G. Wells und Winston Churchill stand Orwell solchen Vorschlägen zur Vereinfachung der englischen Sprache als Mittel internationaler Kommunikation zunächst mit einer gewissen Sympathie gegenüber, rückte aber bald davon ab. Die Kernfunktion von *Newspeak* besteht darin, unerwünschte, dem herrschenden System widersprechende Wörter auszumerzen, so dass abweichendes Denken aufgrund fehlender sprachlicher Voraussetzungen unmöglich wird; die Nähe zu der hierzulande grassierenden politischen Korrektheit ist unübersehbar. Beibehaltene, womöglich gefährliche Wörter sollen ihrer, von den

Machthabern aus gesehen, unorthodoxen Bedeutung entkleidet werden. So wird das Wort „free“ nur noch in Wendungen wie „This dog is free from lice“ gebraucht, aber Wendungen wie „politically free“ oder „intellectually free“ (S. 241-242) sind sinnlos und daher obsolet geworden. Bei seiner Veranschaulichung der Eliminierung traditioneller Wortbedeutungen zu ideologischen Zwecken lehnt sich Orwell offenbar an Darlegungen F. A. von Hayeks in seinem Buch *The Road to Serfdom* (1944) an. Der herkömmliche Zusammenhang zwischen der den Menschen umgebenden Realität, dem individuellen Bewusstsein und dem sprachlichen Ausdrucksvermögen wird aufgelöst, um eine eigenständige Orientierung an der Wirklichkeit zu unterbinden.

Euphemismen, die, wie Orwell in seinem das gegenwärtige Englisch einer Generalrevision unterziehenden Essay „Politics and the English Language“ (1946) ausführt, das Wesen der auf Lügen und Ausflüchte abgestellten politischen Sprache ausmachen, sind maßgeblich an der Etablierung einer neuen, ideologisch genehmen Wirklichkeitssicht beteiligt; so heißt ein Zwangsarbeitslager in der Diktion der Machthaber nicht mehr „forced-labour camp“, sondern „joycamp“ (S. 247). Diese Sprachlenkung leitet zu der im Jahr 1984 ebenfalls systematisch betriebenen Abkürzungspraxis über, die den mentalen Druck auf die Bevölkerung verstärkt. In der Analyse subtiler sprachlicher Manipulation hat Orwell Großes geleistet. So legt er in dem dem Erzähltext hinzugefügten Appendix „The Principles of Newspeak“ dar (S. 247-248), dass Abkürzungen feine Bedeutungsunterschiede erzeugen können, die politisch gewollt sind. Denn Abkürzungen fördern die Entfremdung von der Wirklichkeit und sind deshalb willkommene Hilfsmittel ideologischer Steuerung. Während der Begriff „Kommunistische Internationale" anschauungsbildend ist, universelle Brüderlichkeit evoziert und zum Denken anregt, kann man das Wort „Komintern" verwenden, ohne irgendetwas zu denken. Das Wort „Faschismus", moniert Orwell in dem sprachpolitischen Essay, bedeute jetzt lediglich noch „something not desirable" (*CE*, IV, 132). In diesen Kontext gehören auch enthistorisierende Abkürzungen wie „Nazismus". Der Terminus „Nationalsozialismus" war jedoch, wie Sebastian Haffner in seinem Buch *Anmerkungen zu Hitler* (1978) nahelegt, ein von Hitler bewusst geprägter, die wichtigsten politischen Strömungen des 19. Jahrhunderts (Nationalismus und Sozialismus) schlagkräftig zusammenfassender Begriff. Man fragt sich, was spätere Generationen mit amputierten Begriffen anfangen sollen, die alles oder nichts bedeuten können. Und wer ist in der Lage, Akronyme wie EFSF oder ESM zu entziffern? Offenbar sollen dergleichen Abkürzungen, wenn Sie mir eine satirische Bemerkung gestatten, verschleiern, dass europäische Länder seit einiger Zeit von solch dubiosen Finanzierungsagenturen statt von demokratisch legitimierten Instanzen regiert werden. Das gedankenlose Nachplappern ist natürlich das für Parteimitglieder angestrebte Ideal. Da die Staatsführung die Parole „'Orthodoxy is unconsciousness'" (S. 46) zum obersten Grundsatz erhoben hat, sollen Parteimitglieder politische Meinungen unter Ausschaltung jeglicher Reflexion so automatisch hervorstoßen wie ein Maschinengewehr Kugeln. Diesem Ideal kommen doch manche heutige denkschwache Politiker schon recht nahe.

Zur ideologischen Grundausstattung von *Ingsoc,* der Weltanschauung von Orwells Zukunftsstaat, gehört *doublethink,* die Fähigkeit, zwei sich widersprechende Meinungen zu vertreten. *Doublethink* schließt die Geschicklichkeit ein, unbequem gewordene Tatsachen einfach zu vergessen, diese aber, wenn es nötig wird, dem Vergessen wieder zu entreißen, solange es angebracht erscheint. Der Einzelne muss je nach Situation das eine und das andere glauben können, und zwar ganz ehrlich, wie Orwell betont (S. 171). Ein aktuelles Beispiel dazu später.

Die ideologische Inbesitznahme des gesamten Lebens schließt nicht zuletzt das ein, was Orwell die Veränderbarkeit der Vergangenheit nennt. Die systematische Verfälschung der Geschichte, wie sie schon in *Animal Farm* anhand der sukzessiven Abwandlung der ursprünglichen sieben Gebote thematisiert wurde, macht die Nachprüfbarkeit von Ereignissen, an die sich Winston Smith noch erinnert, die aber nicht mehr belegbar sind, unmöglich. So glaubt er sich daran zu erinnern, dass der Name von Big Brother zuerst in den sechziger Jahren erwähnt wurde; aber er kann sich dessen nicht vergewissern, denn in der Parteigeschichtsschreibung erscheint Big Brother seit den frühesten Tagen als Revolutionsführer (S. 32). Und Winston Smith erinnert sich auch daran - diese Erinnerungsvorgänge stellen den Versuch dar, einen Rest seiner personalen Substanz zu bewahren – , dass es Flugzeuge schon in seiner frühesten Kindheit gab, aber der Behauptung der Machthaber, dass sie eine Erfindung der Partei seien, kann er keinen Beweis entgegenstellen (S. 32). Die dadurch verursachte geistige Verlorenheit löst immer wieder Depressionen in ihm aus. Eine ganze Abteilung im Wahrheitsministerium ist permanent damit beschäftigt, Geschichte – und das gilt selbst für kleinste Details – den aktuellen Erfordernissen gemäß umzuschreiben. In Parenthese: Orwell wusste sicherlich, dass bereits am Tage nach dem Abschluss des Hitler-Stalin-Paktes aus den Moskauer Bibliotheken all jene Bücher verschwunden waren, die das nationalsozialistische Deutschland negativ beurteilten. Die unfreiwillige Beschränkung des Bewusstseins auf das bloße Jetzt, die das Lebensgefühl Winston Smiths belastet, mutet fast wie eine ironische Replik auf den plumpen Präsentismus B.F. Skinners an, dessen ideale Gemeinde in *Walden Two* (1948) sich voller Stolz der freiwilligen Abschaffung der Geschichte rühmt.

Was hat das alles mit der postulierten Aktualität Orwells zu tun? Mehr als einer Demokratie, und namentlich der unsrigen, bekömmlich ist. Denn die Gedankenpolizei Orwellscher Fasson ist auch heutzutage und hierzulande höchst aktiv – man muss nur etwas genauer hinschauen. Unsere oft gerühmte „Streitkultur“ – in Wahrheit sticht die jetzige Bundesrepublik Deutschland durch eine geradezu aseptische Vermeidung echter Auseinandersetzungen hervor – ist nämlich auf dem besten Wege zu einer die Meinungsfreiheit einschränkenden „Verbotskultur“. In ihrer Ausgabe vom 18.9.2012 registrierte die *Neue Zürcher Zeitung* diese Tendenz und nannte es bedenklich, wie rasch in Berlin der Ruf nach Zensur erfolge. Der Philosoph Robert Spaemann hat beispielsweise gesagt, dass es sich nur noch ganz unabhängige Menschen leisten können, gegen Homosexualität Stellung zu nehmen. Auch hinter anderen Gegenständen leuchtet ein verstecktes Verbotsschild auf; selbst der Klimawandel und die alternative Stromerzeugung als heilige ökologische Kühe scheinen davon nicht ausgenommen zu sein. Im übrigen sind manche der von mir in diesem Vortrag angeführten Beispiele nicht als vollkommene Entsprechungen zu den durch die Betrachtung von *Nineteen Eighty-Four* in den Blick gerückten Phänomenen zu verstehen, sondern als Anreiz zur Sensibilisierung für ähnliche Erscheinungen; absolut deckungsgleiche Belege sind allerdings auch darunter. Selbst mit dem Aufzeigen stringenter Analogien beabsichtige ich natürlich keine Gleichsetzung des Orwellschen Staates mit der Bundesrepublik Deutschland. Es muss aber gestattet sein, Fehlentwicklungen beim Namen zu nennen und Dinge anzusprechen, die einem Land nicht gerade zur Ehre gereichen, das sich nach offiziellem und öffentlichem Selbstverständnis auf seine freie Meinungskultur einiges zugute hält. Und mit Orwell haben wir ja einen kompetenten Gesprächspartner, dessen Maßstäbe einzufordern sind, auch wenn er die Meßlatte hoch anlegt.

Zu Gesinnungsschnüffelei und Denunziantentum – in *Nineteen Eighty-Four* allgegenwärtig, wie Winston Smith zu seinem Leidwesen feststellen muss – wird aufgerufen, wenn, wie in Baden-Württemberg von der jetzigen grün-roten Landesregierung veranlasst, ein anonymes Meldesystem zur Bekämpfung des Rechtsextremismus ohne namentliche Angabe des Informanten eingerichtet wird. Pikant dabei, dass Denunziationen, die - wie auch Orwell weiß - nicht einmal vor der eigenen Familie Halt machten, gerade unter nationalsozialistischer Herrschaft gang und gäbe waren. In diesem Zusammenhang ist auch die kürzliche Umfrage des Landvolkverbandes, der Interessenvertretung der Landwirte in Niedersachsen, zu nennen, mit der die Mitglieder aufgefordert wurden, von Pastoren in Erntedankgottesdiensten geäußerte „ungerechte und überzogene Kritik" an der industriellen Landwirtschaft per E-Mail weiterzumelden (*Göttinger Tageblatt,* 13.11.2012). Hier sprechen die Grünen von Denunziation. Wie weit die Bereitschaft zum Denunzieren bei uns schon wieder gediehen ist, zeigt der Fall eines Lehrers, der alle drei Strophen des Deutschlandliedes im Musikunterricht bei der entstehungsgeschichtlichen Aufarbeitung der deutschen Nationalhymne singen ließ und deshalb inkriminiert werden sollte (*Frankfurter Allgemeine Sonntagszeitung,* 4.11.2012).

Orwellsche Qualität erreichte auch der Versuch der ehemaligen, während der deutschen EU-Ratspräsidentschaft als Vorsitzende des Justizministerrates amtierenden Justizministerin Brigitte Zypries, einer europaweiten „Erinnerungskultur" strafrechtliche Korsettstangen einzuziehen und zu diesem Zweck den von Juristen misstrauisch beäugten deutschen Volksverhetzungsparagraphen (130 Abs. 3

und 4 StGB) zum allgemeinverbindlichen Muster zu machen. Das ist reinster Orwell. Bedenken Sie, meine Damen und Herren, welch absolute, völlig illegitime Verfügungsgewalt über den menschlichen Geist sich staatliche Instanzen anmaßen, die die Beschäftigung mit Geschichte strafbewehrten Einschränkungen unterwerfen möchten. In einer klassischen Demokratie wie derjenigen Englands, wo der Vorstoß der Dame Zypries besondere Empörung auslöste, sind „Erinnerungsgesetze" undenkbar. Der von namhaften Gelehrten des In- und Auslandes unterstützte Appell von Blois trat dem forschungsfeindlichen Ansinnen, eine „Erinnerungspolizei" zu etablieren, glücklicherweise energisch entgegen.

Einer Beschneidung der Meinungsfreiheit, ja einer Zensur kommt ebenfalls die beklemmende Verbreitung politischer Korrektheit („Political Correctness") gleich, die sich inzwischen trotz regelmäßiger Kritik etwa in Leserbriefen als eine Form säkularisierter Inquisition - ich bin überzeugt, mein Ausdruck würde Orwell gefallen - durchgesetzt hat. Insbesondere die Tabuisierung immer zahlreicherer, von der Sprachgemeinschaft keineswegs als anstößig empfundener, aber vom Gesinnungskartell als unerwünscht erachteter Wörter wie „Wirtschaftsflüchtlinge" oder „Asylmissbrauch" macht den autoritären Anspruch dieser den freien Geist in ein Prokrustesbett zwängenden linguistischen Überwachungsagentur offenkundig. Es erscheint keineswegs abwegig, in diesem Zusammenhang an den Orwellschen Begriff *crimestop* (S. 169) zu erinnern, denn das Ziel der Sprachpolizei ist es, ein schlechtes Gewissen zu erzeugen, um jeden kritischen Gedanken schon im Keim, noch vor dem Überschreiten einer gefährlichen Schwelle zu ersticken, der vielzitierten roten Linie. Achten Sie mal darauf, mit welcher Selbstverständlichkeit und Selbstgefälligkeit sie von Vertretern des Meinungskartells beschworen wird. Einen vorbeugenden Zweck erfüllt wohl auch die bezeichnenderweise in den Vereinigten Staaten und Deutschland schon zu beobachtende Reinigung literarischer Texte, die nach Tilgung anstößiger Stellen in zensierten Ausgaben erscheinen. Orwell als beredten Anwalt der klassischen englischen Literatur hätten diese zeitgeistfrommen Eingriffe besonders geschmerzt.

Dem Komplex (die Bedeutung Neurose soll in meinem Wortgebrauch durchaus mitschwingen) politischer Korrektheit darf auch die selbst bei uns keineswegs verpönte Verfälschung der Geschichte zugerechnet werden. Der Slogan der Staatspartei in *Nineteen Eight-Four*, „'Who controls the past' […] 'controls the future: who controls the present controls the past'" (S. 31), bietet sich als Kommentar zu nicht wenigen zeitgeschichtlichen Sendungen des deutschen Fernsehens an. Die Veränderbarkeit der Vergangenheit („The mutability of the past"), in Emmanuel Goldsteins ideologischem Manifest als zentraler Glaubenssatz von *Ingsoc* bezeichnet (S. 170), sollte auch bei uns ein großes Thema sein, an dem sich intellektuelle Redlichkeit bewähren könnte – leider muss ich im pessimistischen Konjunktiv sprechen. Dass Erika Steinbach, die Präsidentin des Bundes der Vertriebenen, der Geschichtsfälschung bezichtigt wurde, weil sie die den Tatsachen entsprechende Aussage getroffen hatte, dass Polen 1939 zuerst mobilisierte, kann doch beim besten Willen nicht optimistisch stimmen. Und man prophezeit nicht ins Blaue hinein, wenn man annimmt, dass im nächsten Jahr die Veränderbarkeit der Vergangenheit in Erinnerung an den Ausbruch des Ersten Weltkrieges Hochkonjunktur haben wird. Unter diesem spezifischen Gesichtspunkt könnte 2014 durchaus ein Orwell-Jahr werden. „Forewarned is forearmed" lautet ein englisches Sprichwort, aber gegen die dann auf der Tagesordnung stehende Geschichtsklitterung kann man sich wohl nur innerlich wappnen.

Der ideologischen Gängelung dienen nicht zuletzt die von Orwell angeprangerten, der politischen Korrektheit unverzichtbaren Euphemismen, die das konstruktive Pendant, wenn ich mich so ironisch ausdrücken darf, zu dem Index inkriminierter Wörter bilden. Bei so viel Gutmenschentum zur sprachlichen Beschönigung unliebsamer Sachverhalte kann die Vertreibung von Millionen Landsleuten aus ihrer angestammten Heimat schon mal zu einer „erzwungenen Wanderschaft" (Ansprache Richard von Weizsäckers im Deutschen Bundestag am 8. Mai 1985) werden! Der aus dem Völkerrecht stammende Begriff „Kollateralschaden" für zivile Opfer von Kriegshandlungen ist durch die legere Verwendung in militärischen Kommuniqués zu einem Euphemismus geworden, mit dessen Hilfe eine Art von Zensur ausgeübt wird, um der Öffentlichkeit unangenehme Tatsachen vorzuenthalten.

Ein geradezu ideales Jagdrevier für das Aufspüren von Euphemismen stellt die versagende deutsche

Bildungspolitik dar, die Hochschulen zu Produktionsmaschinen von angeblich erwerbsrelevanten Abschlüssen degradiert, die den zu Kunden gestempelten Studenten als Waren angeboten werden, während der Lehrkörper zum Büttel der Wünsche dieses Kundenkreises gemacht wird. So soll Studiengängen, die wenig Kredit haben, durch Akkreditierung der Anschein der Qualität gegeben werden. Eine scheinheilige und hochtrabende, mit Worthülsen wie Optimierung, Transparenz und Effizienz gespickte Reformsprache, die das Scheitern der Bildungsreformen um Bologna und Pisa verschleiern soll, gaukelt ständig eine kaum vorhandene akademische Gediegenheit vor. Als einschlägiges Beispiel sei hier das Zauberwort „Kompetenz" angeführt, das die mit der Ökonomisierung der Universitäten einhergehende geistige Verflachung übertüncht. Universitäre Kompetenzprüfungen sind ebenso wie die in Aussicht gestellte Steigerung der Mobilität ein leeres Versprechen geblieben, und ständige Bescheinigungen von Kompetenzen, deren Wert gen Null tendiert, täuschen eine nicht vorhandene Solidität vor.

Drei weitere Aspekte von *Nineteen Eighty-Four* spreche ich nur beiläufig an. Die große Masse der Bevölkerung, von Orwell *proles* genannt, wird ununterbrochen mit niedrigstem Schund unterhalten; eine eigene Abteilung im Wahrheitsministerium, in *Newspeak* als „Pornosec" bezeichnet, sorgt für die ständige Berieselung der Unterschicht mit billigster Pornographie - Orwell schreibt hier die bereits von Huxley vorhergesagte Verblödung durch Niveauabsenkung fort. Haben wir mit Sendungen wie „Big

Brother“ oder „Dschungelcamp“ nicht Orwellsche Verhältnisse erreicht? Puritanischen Zwängen ist dagegen das Geschlechtsleben der Parteimitglieder unterworfen, für die sexuelle Beziehungen im Sinne persönlicher Zuneigung streng verpönt sind, weil sie sich der Kontrolle der Partei entziehen, ein Straftatbestand, der als „sexcrime“ bezeichnet wird. Hier sind wir Orwell deutlich voraus, ist Sexualität doch bei uns das einzige Thema, welches ohne Tabus öffentlich diskutiert werden darf.

Schließlich soll nicht unerwähnt bleiben, dass alle Kinder selbstverständlich von frühauf in öffentlichen Einrichtungen aufgezogen werden (S. 56), wo sie ideologisch entsprechend getrimmt werden können. Wir sind auf dem besten Wege, dieses in jeder sozialistischen Utopie anzutreffende und in der DDR mustergültig praktizierte Ideal fortschrittsbewusst nachzuahmen. Um auf der Höhe solcher Progressivität zu sein, kann die Praktizierung von *doublethink*, der Kunst des opportunitätsbedingten Sowohl-als-auch, für Politiker nicht schaden. Was in der Beschreibung Orwells als voluntaristisches Akrobatenstück erscheint, mutet vielleicht in der Wirklichkeit der deutschen Gegenwart eher platt an. So nannte der SPD-Kanzlerkandidat Peer Steinbrück das Betreuungsgeld vor einigen Jahren als Minister einen „vernünftigen Kompromiss“, verdammte es aber letztes Jahr im Bundestag als „Schwachsinn“. Die situationsbedingte Verwendung dieser absolut unverträglichen Begriffe hat durchaus Orwellschen Zuschnitt.

Zum Abschluss möchte ich Ihnen an zwei Beispielen die unermüdliche Aktivität der deutschen Gedankenpolizei veranschaulichen. Ich bin mir ziemlich sicher, dass Sie keins dieser Beispiele kennen; beide betreffen die gouvernantenhafte öffentlich-rechtliche Sendeanstalt ARD. Am 5. Februar 2011 gab kein Geringerer als der britische Premierminister David Cameron in seiner Münchner Rede anlässlich der Sicherheitskonferenz eine Grundsatzerklärung über das Scheitern des staatlichen Multikulturalismus ab. Diese Erklärung wurde von der ARD in ihren Abendnachrichten unterschlagen, damit niemand auf den Gedanken komme, dass „Multikulti" etwas anderes als Gutes und Nobles sei. So, meine Damen und Herren, arbeitet die Gedankenpolizei der ARD, die auf objektive Berichterstattung schon mal verzichtet, um das ideologische Reinheitsgebot zu erfüllen.

Das zweite Beispiel zeigt, dass die Gesinnungswächter dieser Institution gelegentlich auch zu subtileren Methoden greifen können. Ich verdanke es meinem österreichischen Kollegen Franz Karl Stanzel, der mir den im folgenden zu resümierenden Beitrag zugeschickt hat. Darin vergleicht er die BBC-Version mit der ARD-Fassung des als deutsch-englische Gemeinschaftsproduktion ausgestrahlten Fernseh-Zweiteilers über den Fall „Laconia". Am 12. September 1942 versenkte das deutsche Unterseeboot U 156 im Atlantik auf der Höhe von Dakar das abgedunkelt laufende britische Transportschiff Laconia. Korvettenkapitän Werner Hartenstein bemühte sich in vorbildlicher Weise auf das Risiko eigener

Verluste hin um die Bergung Schiffbrüchiger; insgesamt konnten schließlich fast 1.200 Menschen gerettet werden. Während die BBC Hartenstein ungeschmälert als Helden darstellte und die von diesem eingeleitete große Rettungsaktion als außerordentlichen Akt der Menschlichkeit voll würdigte, beraubte die ARD in ihrer am 2. und 3. November 2011 gesendeten ‚entschärften' Fassung den deutschen U-Boot-Kommandanten seiner eindeutigen Mittelpunktstellung und machte statt seiner eine vom nationalsozialistischen Regime verfolgte Frau zur eigentlichen Sympathieträgerin; offenbar sollten Sympathien von Hartenstein abgezogen werden. Mein Kommentar: das konnte nicht anders sein, dem U-Boot-Kommandanten musste unbedingt eine deutsche Schuld beschwörende Korrektivfigur beigegeben werden, damit ein die Uniform des nationalsozialistischen Staates tragender deutscher Marinesoldat nicht in geschichtspolitisch unannehmbarer Weise als Vorbildgestalt fungieren und den alleinigen Akzent setzen konnte. So, meine Damen und Herren, funktioniert die Gedankenpolizei der ARD. Beide Beispiele zeigen, dass sich dieser Sender penetrant als volkspädagogische Erziehungsanstalt geriert, die bestrebt ist, unliebsamer Meinungsbildung vorzubeugen.

IV

In England wird zur Zeit diskutiert, welcher politischen Richtung Orwell zuzurechnen sei. Der ehemalige BBC-Generaldirektor soll sich im letzten Jahr gegen eine Skulptur des Autors vor dem Hauptgebäude des zu Neutralität verpflichteten Staatssenders wegen Orwells Sympathien für die politische Linke gewandt haben. Orwell war sicherlich ein Mann der Linken, aber schon die Tatsache, dass sich die Reihe seiner konservativen Bewunderer, die Orwell nicht zuletzt als frühen Mahner gegen die politische Korrektheit schätzen, von Winston Churchill bis zu David Cameron erstreckt, spricht gegen eine glatte Etikettierung. Sein unbestechlicher Wirklichkeitssinn und seine unerbittliche Durchleuchtung der Realität, deren aktuelle Relevanz ich heute darlegen wollte, sind über eine enge politische oder gar parteipolitische Positionierung erhaben.

Orwells langgestreckte, meist ein wenig traurig dreinblickende Gestalt hat Zeitgenossen an Don Quijote erinnert. Er besaß zweifellos etwas von dem kompromisslosen, weltverachtenden Idealismus von Cervantes' Helden. Aber er verfügte gleichermaßen über Sancho Panzas scharfen, robusten Wirklichkeitssinn. Dem Ineinandergreifen dieser an sich eher auseinanderstrebenden Veranlagungen verdanken wir die anhaltende Überzeugungskraft seines politisch-literarischen Engagements.

Am Ende von *Nineteen Eighty-Four* sitzt im Chestnut Tree Café ein gebrochener, dem System nun ergebener Winston Smith. Ich aber verabschiede mich in optimistischer Stimmung aus dem Café Vetter, hoffe ich doch, dass möglichst viele der Hörer, die mir heute die Ehre ihres Besuchs gegeben haben, ihren Orwell künftig im Hinterkopf haben werden.

Literaturhinweise

Einschlägige Texte

Orwell, George, *Animal Farm. A Fairy Story* (Harmondsworth: Penguin Books, 1962).

Orwell, George, *Nineteen Eighty-Four. A Novel* (Harmondsworth: Penguin Books, 1964).

Orwell, George, *The Collected Essays, Journalism and Letters of George Orwell* [*CE*], ed. Sonia Orwell and Ian Angus, 4 vols. (New York: Harcourt, Brace & World, Inc., 1968).

Orwell, George, *The War Commentaries* [*WC*], ed. W.J. West (Harmondsworth: Penguin Books, 1985).

Orwell, George, "The Freedom of the Press", *Times Literary Supplement* No. 3, 680 (15.9.1972), S. 1037-1039.

Sekundärliteratur

Borinski, Ludwig, *Meister des modernen englischen Romans* (Heidelberg: Quelle & Meyer, 1963).

Crick, Bernard, *George Orwell. A Life* (London: Secker and Warburg, 1980, rev. 1981).

Crick, Bernard, "'Blair, Eric Arthur [George Orwell] (1903-1950)'", *Oxford Dictionary of National Biography* 2004 [http://www.oxforddnb.com/ view/ article/31915, accessed 21 Sept. 2012].

Erzgräber, Willi, *Utopie und Antiutopie in der englischen Literatur. Morus, Morris, Wells, Huxley, Orwell* (München: Wilhelm Fink Verlag, 1980).

Fink, Howard, „ Newspeak: the Epitome of Parody Techniques in *Nineteen Eighty-Four*", *Critical Survey: the Journal of the Critical Quarterly Society Providence, RI* 5 (1971), S. 155-163.

Goetsch, Paul, und Heinz-Joachim Müllenbrock (Hg.), *Englische Literatur und Politik im 20. Jahrhundert* (Wiesbaden: Akademische Verlagsgesellschaft Athenaion, 1981).

Rodden, John, *The Politics of Literary Reputation: The Making and Claiming of ‚St. George' Orwell* (New York: Oxford University Press, 1989).

Thompson, John, *Orwell's London* (New York: Schocken Books, 1985).

SCHRIFTENVERZEICHNIS
HEINZ- JOACHIM MÜLLENBROCK
(ohne Aufsätze und Beiträge)

I. BUCHVERÖFFENTLICHUNGEN

Literatur und Zeitgeschichte in England zwischen dem Ende des 19. Jahrhunderts und dem Ausbruch des Ersten Weltkrieges, Britannica et Americana 16 (Hamburg, 1967).

Whigs kontra Tories: Studien zum Einfluß der Politik auf die englische Literatur des frühen 18. Jahrhunderts, Anglistische Forschungen 104 (Heidelberg, 1974).

[mit Eberhard Späth], *Literatur des 18. Jahrhunderts,* Studienreihe Englisch, Bd. 27 (Düsseldorf, Bern, München, 1977).

Popes Gesellschaftslehre in 'An Essay on Man': Eine Untersuchung der dritten Epistel, Nachrichten der Akademie der Wissenschaften in Göttingen: I. Philologisch-Historische Klasse, Jg. 1977, Nr. 1 (Göttingen, 1977).

Der historische Roman des 19. Jahrhunderts, Forum Anglistik (Heidelberg, 1980).

Der englische Landschaftsgarten des 18. Jahrhunderts und sein literarischer Kontext, Veröffentlichung der Joachim Jungius-Gesellschaft der Wissenschaften Hamburg Nr. 54 (Göttingen, 1986).

[mit Theodor Wolpers], *Englische Literatur in der Göttinger Universitätsbibliothek des 18. Jahrhunderts. Ausstellung der Niedersächsischen Staats- und Universitätsbibliothek Göttingen*, Arbeiten aus der Niedersächsischen Staats- und Universitätsbibliothek Göttingen 14b (Göttingen, 1988).

The Culture of Contention: A Rhetorical Analysis of the Public Controversy about the Ending of the War of the Spanish Succession, 1710-1713, Forschungen zur englischen Literatur und Kultur des 18. Jahrhunderts (München, 1997).

Der historische Roman. Aufsätze, Anglistische Forschungen 317 (Heidelberg, 2003).

II. HERAUSGEGEBENE WERKE

[mit Rudolf Haas und Claus Uhlig], *Literatur als Kritik des Lebens. Festschrift zum 65. Geburtstag von Ludwig Borinski* (Heidelberg, 1975).

[mit Paul Goetsch], *Englische Literatur und Politik im 20. Jahrhundert* (Wiesbaden, 1981).

Europäische Aufklärung II, Neues Handbuch der Literaturwissenschaft 12 (Wiesbaden, 1984).

[mit Renate Noll-Wiemann], *Anglistentag 1988 Göttingen. Vorträge* (Tübingen, 1989).

[mit Alfons Klein], *Motive und Themen in englischsprachiger Literatur als Indikatoren literaturgeschichtlicher Prozesse: Festschrift zum 65. Geburtstag von Theodor Wolpers* (Tübingen, 1990).

[mit Carl Joachim Classen], *Die Macht des Wortes. Aspekte gegenwärtiger Rhetorikforschung*, Ars Rhetorica 4 (Marburg, 1992).

III. FESTSCHRIFT

Rüdiger Ahrens und Fritz-Wilhelm Neumann (Hg.), *Fiktion und Geschichte in der anglo-amerikanischen Literatur: Festschrift für Heinz-Joachim Müllenbrock zum 60. Geburtstag*, Anglistische Forschungen 256 (Heidelberg, 1998).

Erschienene Bücher
Verlag Blaues Schloss · Marburg

Ludwig Legge:
Chimären in der Warteschleife
Neue Gedichte
1. überarbeiteter Nachdruck 2012
Kartoniert, 52 Seiten
ISBN 978-3-943556-00-1
Preis: 8,50 €

Ludwigs Legges unverwechselbare Lyrik verbindet in bewusster Auseinandersetzung mit der Tradition der Moderne romantische und surreale Elemente, wie Roswitha Aulenkamp festgestellt hat.

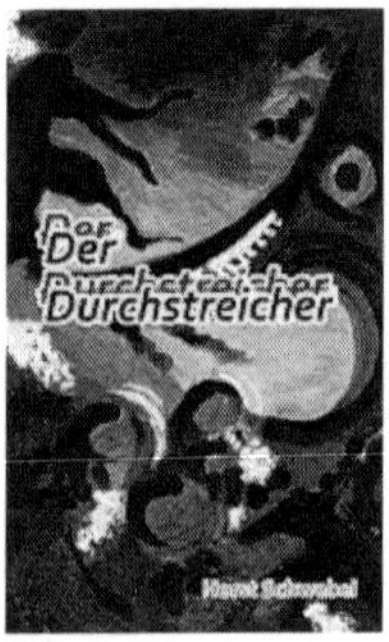

Horst Schwebel:
Der Durchstreicher
Geschichten
Kartoniert, 104 Seiten
ISBN 978-3-943556-09-4
Preis: 12,95 €

Die neun Geschichten handeln von Kunstfälschern, Künstlern, konkurrierenden Architekturprofessoren, von einem Unternehmer, der einen Pfarrer kauft, einem Baron, der für seinen Sohn einen Doktortitel erwerben will und von anderen auffällig gewordenen Zeitgenossen.

Joachim Kutschke:
Wiedersehen auf Mallorca
Roman
Kartoniert, 408 Seiten
ISBN 978-3-943556-10-0
Preis: 22,00 €

Drei Männer, Bernd, Peter und Klaus, ehemalige Jugendfreunde, treffen sich durch Zufall wieder. Sie beschließen spontan, nach so langer Zeit ein Wiedersehen auf Mallorca zu feiern. Doch was als spät zu entzündendes nostalgisches Jugendfeuerwerk der Erinnerungen gedacht war, entwickelt sich zur Katastrophe…

Das präzise Stimmungsbild einer Generation, die – als zu früh Geborene – den Weg in die 68er Szene nicht finden konnte. Die Biographien dreier unterschiedlicher Charaktere, in deren Lebenswirklichkeit sich die ganze Epoche der Bundesrepublik spiegelt.

Joachim Kutschke:
„geil", „ätzend" und „keine Ahnung"
Kartoniert, 188 Seiten
ISBN 978-3-943556-18-6
Preis: 12,00 €

Auf dem Hintergrund einer kritischen und präzisen Gesellschaftsanalyse werden die vielfältigen Einflüsse und Zwänge aufgezeigt, die Jugendliche in ihrer Entwicklung und Selbstfindung prägen, sie verführen, manipulieren und fremdbestimmen – die ihnen einen Pseudo-Individualismus aufschwatzen und kaum eine Chance lassen, wirklich ihren eigenen Weg zu finden.

Ein Buch, das Jugendliche zugleich ermutigt, selbst die Verantwortung für ihr Leben zu übernehmen, nicht ihr Fähnchen in die wechselnden Windrichtungen des Zeitgeistes zu hängen und auf jeder modischen Welle des Mainstreams zu surfen.

Joachim Kutschke:
Sieg der Windmühlen
Über die Unmöglichkeit des Schritthaltens mit dem Tempo der Zeit
Ein Patchwork-Roman
Kartoniert, 288 Seiten
ISBN 978-3-943556-14-8
Preis: 16,50 €

Jonas Winkler ist ein Zuspätgekommener.
Die Hoch-Zeit der wilden Revolten war gerade vorbei. So versucht er – ein ideologischer fellow traveler – auf seine eigene Weise, die Orientierung im ganz normalen Chaos seines Lebens zu behalten.
Auf der Suche nach dem richtigen Leben im falschen balanciert er zwischen dem engagierten Entwurf der frühen Jahre, den ungelösten Widersprüchen seiner Generation und dem ermüdenden Kampf mit dem rasanten Wandel der Gegenwart durch die Höhen und Tiefen seines Lebens, durch neue Liebschaften und die unvermeidlichen Erfahrungen mit dem allmählichen Älterwerden.

Eine Entwicklungsgeschichte, in der wir uns alle auf die eine oder andere Weise wiederfinden – in unserem Sisyphos-Kampf wider die wechselnden Windrichtungen des Zeitgeistes.

Regine Wagner-Preusse:
Vorsicht Schule!!!
Leben in schulischen Minenfeldern
Kartoniert, 200 Seiten
ISBN 978-3-943556-17-9
Preis: 15,50 €

Verblüffend offen und aufrüttelnd diese Nahaufnahmen aus einem Bildungssystem, das stets das Beste will und oft das Falsche schafft: Alleingelassene und überforderte Lehrer und Schulleiter, die mit Mühe den Schein pädagogischen Normalbetriebs aufrechterhalten. Schüler, denen in viel zu großen Klassen nicht individuell geholfen werden kann und Eltern, die...

Regine Wagner-Preusse *1951, Studium der Germanistik, Politik und Soziologie, Ausbildung in Familientherapie, arbeitete in der Psychiatrie und ist seit vielen Jahren Lehrerin in der Erwachsenenbildung und in der Staatsschule.

Helmut Hering,
Susanne Trinkaus:
Kuriose Befindlichkeiten
Wie man ihnen ein Schnippchen schlägt, sie mit Humor und Fassung trägt
Kartoniert, 65 Seiten, 52 Abbildungen
ISBN 978-3-943556-19-3
Preis: 7,95 €

Wer hätte, zum Beispiel, nicht schon einmal ein „Zipperlein“ gehabt oder einen „Gram“ durchlitten, sich gelangweilt oder sich in einem „Zugzwang“ befunden?
Jede Figur stellt sich Ihnen in ihrem Fühlen und Sich-Befinden in Bild und Schrift vor.

Gram

Es sitzt ein Ärger mir im Leibe,
an dem ich mich und And're reibe,
ich bin verletzend und verletzt.
Es ist der Gram, der mich besetzt.

Helmut Hering, 1945 in Weißenfels/Saale geboren, lebt in Niederweimar bei Marburg und arbeitete bis Mai 2012 als Zahnarzt.

Susanne Trinkaus, im Jahre 1975 in Frankfurt geboren, lebt in Marburg und arbeitet dort als Ergotherapeutin.

Hans Schauer:
Über Vieles im Ganzen
Band 1: ***Über Monotheismen***
Kartoniert, 390 Seiten
ISBN 978-3-943556-01-8
Preis: 22,00 €

Im Band 1 „Über Monotheismen" wird der inzwischen weltweit verbreitete Glaube an den einen Gott, der keine anderen Götter neben sich dulden mochte, als ideengeschichtlich später Zivilisationsbruch dargestellt.

Hans Schauer:
Über Vieles im Ganzen
Band 2: ***Ein Lob der Vielfalt***
Kartoniert, 340 Seiten
ISBN 978-3-943556-02-5
Preis: 22,00 €

Den vagen Unendlichkeiten der Attribute des alleinherrschenden Monotheos („Allmacht", „Allwissenheit", „Ewigkeit", oder gar „summum bonum"!) wird in diesem Band eine für Menschen verträglichere und dienlichere Vielfalt von Positivitäten gegenübergestellt, orientiert an den ursprünglichen Pluralitäten der Familie, an der sich selbst organisierenden Gemeinde und der politischen Gewaltenteilung, aber auch ganz modern an den Möglichkeiten der Teamarbeit und der multidisziplinären Forschung.

Elke Therre-Staal:
Kinder- und Hausmärchen
der Gebrüder Grimm:
Analysen und Frauenbild
Kartoniert, 62 Seiten, 2 Farbbilder
ISBN 978-3-943556-15-5
Preis: 8,50 €

„Das letzte große Gefühl, welches dieses weibliche Wesen noch lernen muss, um endlich handzahm zu sein, ist die Scham. In der Pädagogik ist dieses das wirksamste Mittel, um Eigensinn zu beugen, schlimmer als Schläge. Und Scham überfällt unsere Königstochter reichlich, denn sie wird öffentlicher Gegenstand von Gelächter und Spott. Dafür sorgt ihr späterer Angetrauter. Offenbar war die überstürzte Eheschließung mit dem Bettler nur eine Farce, eine Inszenierung. Dreckig und zerlumpt steht sie an der Tür zum königlichen Ballsaal und späht in die feine Gesellschaft. Der Königssohn will heiraten, wir erfahren, es ist der Drosselbart, aber wo ist das krumme Kinn? Hinter goldenen Ketten verborgen!"

Elke Therre-Staal *1943 in Westpreußen, heute Polen, geboren, in Westdeutschland aufgewachsen, promovierte Psychiaterin und Psychotherapeutin, eigene Praxis seit 1986.
Preisträgerin der besten Kurzgeschichte 2003 Hamburger Axel-Andersson-Akademie, Lyrik- und Kurzgeschichtenveröffentlichungen in Anthologien 2003-2010, sowie weitere Buchveröffentlichungen im Verlag Blaues Schloss 2012-2013.

Elke Therre-Staal und Hannah Arendt

Hannah Arendt
Geschehenes und Gedachtes
Band 1
Hannah Arendt trifft Walter Benjamin auf der Flucht
Kartoniert, 45 Seiten,
ISBN 978-3-943556-22-3

Preis: 7,95 Euro

Hannah Arendt
Geschehenes und Gedachtes
Band 2
„Ich bin hier."
Hannah Arendts Wiedersehen
mit Martin Heidegger
Eine literarische Aufarbeitung
Kartoniert, 6 7 Seiten,
3 Farbabbildungen
ISBN 978-3-943556-23-0

In Vorbereitung

Hannah Arendt
Geschehenes und Gedachtes
Band 3
Hannah Arendt besucht Rudolf Bultmann

Hannah Arendt
Geschehenes und Gedachtes
Band 4
Hannah Arendt trifft Ulrike Meinhof

Rainer Lather:
Machen und Sein
Kartoniert, (17cm x 22cm)
134 Seiten, mit 7 Farbseiten
ISBN 978-3-943556-21-6
Preis: 16,90 €

Machen und Sein

Kann es sein, dass unsere Vorstellung vom Tod als Ende und Gegenteil des Lebens nur eine Hilfskonstruktion unseres linear abstrahierenden Denkens ist? Kann es sein, dass es den so vorgestellten Tod gar nicht gibt? Das ist die Eingangsfrage dieses Essays über unser Denken und Wahrnehmen aus der Perspektive eines handwerklich begründeten Denkens. Erlebnisse und Erfahrungen, die der Autor als junger Mann während eines zweijährigen Aufenthaltes in Papua Neuguinea Mitte der 80er-Jahre sammeln konnte, sind das Fundament, auf dem er hier das linear abstrahierende Denken der westlichen Zivilisation in den Kontrast dessen stellt, was er als vielfach gleichzeitiges Beobachten und Wahrnehmen bezeichnet. Der Versuch zeigt die sich kontinuierlich verengende Art des linear abstrahierenden Denkens unseres Kulturkreises, gibt Hinweise auf seine Entstehung, beschreibt an einzelnen Beispielen „Zustände“ bzw. Resultate dieser Verengung und deutet auf Revisionsmöglichkeiten hin. Er versteht sich als Anregung und Aufforderung, die von vielen Zeitgenossen empfundene (grundsätzliche) Misere unserer Zivilisation, nämlich die zunehmende Isolierung und Vereinsamung des Menschen neu zu reflektieren.

Rainer Lather wurde1960 in Marburg geboren und malt seit seiner Jugend. Nach seiner Ausbildung zum Schreiner und Techniker und dem Besuch der Werkkunstschule Flensburg arbeitete er unter anderem mehrere Jahre in Papua Neuguinea und Lesotho als Ausbilder und technischer Berater. Inhalt seiner Malerei sind vorwiegend die Menschendarstellung, das Porträt und Porträtserien. Rainer Lather arbeitet als freischaffender Maler und unterrichtet Kunst, Arbeitslehre und Werken an einer inklusiven Gesamtschule in Gießen

Radke, Anna Elissa
Brüchige Idylle
Vergils Hirtengedichte
Mit einer neuen Übersetzung
Von Anna Elissa Radke
Kartoniert, (15cm x 23cm) 118 Seiten
10 Farbabbildungen
ISBN 978-3-943556-30-8
Preis: 13,95 Euro

Anna Elissa Radke, geboren 1940, Studium der Klassischen Philologie, Philosophie, Theologie und Slawistik, war als Gymnasiallehrerin und wissenschaftliche Mitarbeiterin an der Universität tätig. Autorin von Lyrik in lateinischer, deutscher und polnischer Sprache. Übersetzerin lateinischer und polnischer Literatur ins Deutsche.

Über die Nachdichtung:

So, wie auf Tityrus´ Weideland überall der kahle Fels durchscheint, so erweist sich auch die Hirtenidylle Vergils bedroht durch politische Unruhen oder durch seelische Erschütterungen, welche die heimelige Gefühlswelt der Hirten sprengen. - Das soll in dieser Übersetzung deutlicher werden, als es in den oft romantisierenden Übertragungen bisher zum Ausdruck kam.

Ekloge I,47: Weideland hast du genug, wenn der Felsgrund auch überall durchscheint …

Uni im Café 1
Uhlig, Claus:
Jane Austens Romane. Kostüme, Dialoge und Philosophie
Kartoniert, 46 Seiten
ISBN 978-3-943556-11-7
Preis: 7,95 €

Jane Austen (1775-1817) lebt. Ihre sechs Romane finden sich in den Buchhandlungen, und ihre Heldinnen sind uns durch gelungene Verfilmungen der letzten Jahre präsent. Ihr soziales Milieu ist der niedrige Adel bzw. die gehobene ländliche Mittelschicht. Literaturgeschichtlich jedoch gehören ihre Werke in die Reihe des englischen Frauenromans.

Claus Uhlig, geboren 1936 in Berlin, ordentlicher Professor für Englische Philologie, Hamburg, (1973-78) sowie für Anglistik und Amerikanistik in Marburg (1978-2005). Forschungsschwerpunkte sind: Renaissance, Humanismus und die Theorie der Literatur.

Uni im Café 2
Martin, Gerhard Marcel:
Apokalypse. Weltuntergang – innen und außen
Kartoniert, 48 Seiten
ISBN 978-3-943556-12-4
Preis: 7,95 €

Doppeltes Thema ist Weltende genauso wie Weltverwandlung durch ungeheure Vernichtungsprozesse hindurch. Apokalypse geschieht außen und innen: in weltpolitischen Dimensionen und in Visionen von himmlischen und höllischen Welten.

Gerhard Marcel Martin, geb. 1942 in Düsseldorf / Lehraufträge Union Theological Seminary New York / 1975-1982 Pfarrer und Studienleiter, zeitweise stellvertretender Direktor an der Evangelischen Akademie Arnoldshain / 1982-2007 Professor für Praktische Theologie an der Philipps Universität Marburg (seit 1999 auch Universitätsprediger) / 2006-2008 Gastprofessor an der (buddhistischen) Otani University Kyot

Uni im Café 3
Schmitt, Arbogast:
Homer und wir
Kartoniert, 52 Seiten
ISBN 978-3-943556-13-1
Preis: 7,95 €

Man findet bei Homer viel Vertrautes, daneben aber Vieles, mit dem man sich in keiner Weise mehr identifizieren kann. Ausgerechnet das für uns Fremde beruht auf guten Beobachtungen und einem psychologisch erstaunlich differenzierten Verständnis des Menschen.

Arbogast Schmitt, Professor für Literatur und Philosophie der Antike an der Universität Marburg sowie an der FU Berlin, setzt die platonisch-aristotelische Erkenntnistheorie mit der Erkenntnistheorie der Neuzeit in ein Verhältnis und untersucht das jeweilige Verständnis von Ästhetik, Ethik und Politik.

Uni im Café 4
Müllenbrock, Heinz-Joachim:
George Orwell - aktueller denn je
Kartoniert, 44 Seiten
ISBN 978-3-943556-20-9
Preis: 7,95 €

Orwell, der literarische Ankläger des Totalitarismus schlechthin, hat nicht nur gemeinsten physischen Terror geschildert, sondern sich auch eingehend mit der ausgeklügelten und nicht weniger bedrückenden geistigen Knebelung des Menschen auseinandergesetzt. Mit der Absicht prophylaktischer Sensibilisierung zeigt der Vortrag unter Scharfeinstellung auf die gegenwärtige Situation in der Bundesrepublik Deutschland.

Heinz-Joachim Müllenbrock, geboren 1938 in Hamburg, studierte von 1957 bis 1963 Anglistik, Romanistik und Philosophie an der Universität Hamburg. Seit 1978 ist er ordentlicher Professor für Englische Philologie (neuere englische Literatur) an der Georg-August-Universität Göttingen; im Jahr 2003 wurde er emeritiert.

Uni im Café 5
Backhaus, Ralph:
Savigny in Marburg
Kartoniert, 62 Seiten
ISBN 978-3-943556-26-1
Preis: 8,50 €

Im Frühjahr 1803 konnte Savignys erste große Monografie zum „Recht des Besitzes“ fertig gestellt und publiziert werden. Auch in dieser Marburger Zeit hatte er Kontakt mit berühmten Literaten wie Clemens und Bettina Brentano, Achim von Arnim, Sophie Mereau und Caroline von Günderrode. Savigny hat die Grundlagen der von ihm begründeten und für die Rechtswissenschaft des 19. Jh. prägend gewordenen „Historischen Rechtsschule“ weitgehend schon in seiner Marburger Zeit entwickelt.

Ralph Backhaus (* 1950) ist Professor für Bürgerliches und Römisches Recht an der Philipps-Universität Marburg. Er studierte an der Ruprecht-Karls-Universität Heidelberg Rechtswissenschaften und promovierte auch dort. Nach einer langjährigen Tätigkeit als Richter am Landgericht und Oberlandesgericht sowie als wissenschaftlicher Mitarbeiter am Bundesverfassungsgericht kam er zum Wintersemester 1996/97 nach Marburg. Von November 1997 bis Dezember 2007 war er zudem als Richter am Kartell- und Urheberrechtssenat des OLG Frankfurt tätig. Forschungsschwerpunkte sind methodologische Fragen der römischen Rechtsgeschichte sowie das Verhältnis von Philosophie und Recht, daneben das Bürgerliche Recht und das Urheberrecht.

Uni im Café 6
Drechsler, Wolfgang:
Gadamer in Marburg
Kartoniert, 69 Seiten, 8 s/w-Abbildungen
ISBN 978-3-943556- 27-8
Preis: 8,50 €

Hans-Georg Gadamer (1900-2002), der wichtigste Vertreter der philosophischen Hermeneutik, ist nicht nur einer der zentralen europäischen Denker des 20. Jahrhunderts, sondern ohne Zweifel auch der bedeutendste je in Marburg geborene Philosoph. Wolfgang Drechsler, durch den er mit Marburg seit den 1990er Jahren Kontakt hielt, erzählt von Gadamers hiesigem Umfeld über ein Jahrhundert hinweg: Geburt und Elternhaus, Marburger Studien- und Lehrzeiten mit Lehrern, Kollegen und Freunden wie Martin Heidegger, Paul Natorp, Hannah Arendt, Leo Strauss, Hans Jonas und Rudolf Bultmann und dem berühmten Philippinums-Vortrag „Platon und die Dichter" (1934), und besonders von seinen Marburg-Besuchen in den späten Lebensjahrzehnten.

Wolfgang Drechsler (* 1963) ist o. Professor für Verwaltungs- und Staatswissenschaften an der Ragnar Nurkse School of Innovation and Governance und Prodekan für Internationale Beziehungen der Sozialwissenschaftlichen Fakultät der Technischen Universität Tallinn in Estland sowie Professeur invité an der Université catholique de Louvain in Belgien. BA Bridgewater College, MA University of Virginia, Promotion 1988 in Marburg, Absolvent der Deutschen Universität für Verwaltungswissenschaften Speyer, Habilitation Universität Tartu (Dorpat), Ehrendoktor der Sozialwissenschaften der Corvinus-Universität Budapest 2013. Auszeichnungen u.a. Estnischer Nationalpreis für die Wissenschaften, Estnisches Marienland- und Deutsches Bundesverdienstkreuz. Forschungsschwerpunkte sind Nichtwestliche Verwaltung (China, Islam); Verwaltung, Technologie und Innovation; Verwaltungsreform generell sowie Staats- und politische Philosophie. Er ist der Sohn des langjährigen Marburger Oberbürgermeisters Dr. Hanno Drechsler (1931-2003).

Uni im Café 7
Lope, Hans Joachim:
Voltaire: Aufklärer, Literat, Europäer
Kartoniert, 61 Seiten, 3 Farbabbildungen
ISBN 978-3-943556- 28-5
Preis: 8,70 €

François Marie Arouet (1694-1778), der sich 1718 für das Pseudonym Voltaire entschied, gilt als herausragender Vertreter der Aufklärung in Europa und als einer der Großen der Weltliteratur. Nach wie vor steht sein Name für das mutige und erfolgreiche Angehen gegen Machtmissbrauch und Selbstherrlichkeit, für Toleranz, Freizügigkeit, Religionskritik und Laizismus - nicht nur in Frankreich. Sein Anliegen ist in zum Teil bestürzender Weise aktuell geblieben. Es genügt, ganz einfach mal wieder eines seiner Werke zur Hand zu nehmen...

Hans-Joachim Lope, geb. 1939 in Wuppertal/ Studium (Romanistik und Geschichte) in Köln und Aix-en-Provence/ Promotion in Köln/Studienaufenthalte in Spanien und Belgien/ Assistententätigkeit und Habilitation an der RWTH Aachen (1968-1973)/ 1974 Professor für Romanische Literaturwissenschaft an der Philipps-Universität Marburg/ Seit 2003 im Ruhestand. - Chevalier de l'Ordre des Palmes académiques (1987), Mitglied des IFES XVIII der Universität Oviedo/ Mitherausgeber der Zeitschriften Cuadernos de Estudios del Siglo XVIII (Oviedo/ Spanien), Dieciocho (University of Virginia, USA), Anuario de Estudios filológicos (Cáceres/Spanien).

Uni im Café 8
Müller, Wolfgang, G.:
Detektiv, Flaneur, Dandy
drei mythische Figuren
der Stadtkultur des 19. Jahrhunderts
und ihre Aktualität
Kartoniert, 54 Seiten, 4 Farbabbildungen
ISBN 978-3-943556- 29-2
Preis: 8,50 €

Die Stadtkultur hat mit dem Detektiv, dem Flaneur und dem Dandy im 19. Jahrhundert drei Persönlichkeitstypen hervorgebracht, die von der Literatur aufgenommen wurden und sich zu mythischen Figuren entwickelten, die bis in die Gegenwart in immer neuen Variationen auf dem Buchmarkt und in den Medien des Films und Fernsehens präsent sind.
Der Unterschied zwischen dem Flaneur und dem Dandy besteht darin, dass ersterer durch die Stadt streift, um zu sehen, während letzterer durch die Straßen promeniert, um sich sehen zu lassen.

Wolfgang G. Müller, geboren 1941 in Greiz/Thür., studierte 1962-1969 in Mainz, Manchester und Leicester. Nach dem Staatsexamen (1968) erfolgte 1970 die Promotion über Rainer Maria Rilke im Fach Deutsche Philologie und 1977 die Habilitation im Fach Englische Philologie an der Johannes Gutenberg-Universität Mainz. 1978 wurde er in Mainz zum Professor ernannt. 1992 erhielt er den Ruf auf einen Lehrstuhl für Anglistische Literaturwissenschaft an der Friedrich-Schiller-Universität Jena, wo er bis über seine Emeritierung (2006) hinaus lehrte und forschte. Forschungsschwerpunkte sind u. a. Lyrik- und Erzähltheorie, Shakespeare, Rhetorik, die Don Quijote-Tradition und Flaneur-Literatur.

Uni im Café 9
Kaiser, Otto
Martin Heidegger und das einfache Sagen oder
Denker und Dichter in dürftiger Zeit
Kartoniert, 42 Seiten, 2 Farbabbildungen
3 s/w Abbildungen
ISBN 978-3-943556- 32-2
Preis: 8,30 €

Nun also sollten wir den hochberühmten und umstrittenen Philosophen selbst sehen und hören, der mit seinem im Herbst 1946 verfassten sprachphilosophischen „Brief über den Humanismus" eine Anfrage von Sartre nach der ethischen Relevanz seines Denkens beantwortet hatte. In ihm wurde die Sprache als Haus und der Mensch als der Hüter des Seins bezeichnet. Eduard Spranger, der damals ebenfalls in Tübingen lehrte, soll über diese Schrift gesagt haben, dass für sie schon beim späten Hegel ein Plätzchen zu finden sei.

Der seit 1960 an der Universität Marburg lehrende und manchem Bürger der Stadt als Prediger und Vortragender bekannte emeritierte Professor für Altes Testament Dr. Dr. h. c. mult. Otto Kaiser hat im Rahmen der Neuen Marburger Literarischen Gesellschaft einen Vortrag über Martin Heideggers Philosophie der Sprache gehalten.

Otto Kaiser hat 1951 den seiner Zeit berühmten Vortrag über die Sprache gehört und entfaltet im Anschluss an diese denkwürdige Begegnung die Eigenart Heideggers, der seinen Hörern und Lesern dunkle Auskünfte gibt und sie so immer wieder dazu auffordert, ihre eigenen Antworten zu finden.

In Vorbereitung für Dezember 2013

Uni im Café 10
Friedrich, Christoph
Pharmaziegeschichte –
ein Marburger „Orchideenfach“
ISBN 978-3-943556- 34-6

An der Universität Marburg entstand 1965 das einzige Institut für Geschichte der Pharmazie in Europa, dessen erster Direktor der Pharmaziehistoriker Rudolf Schmitz (1918–1992) war. Das Institut bietet seitdem Apothekern und Naturwissenschaftlern die Möglichkeit zu einer Promotion auf wissenschaftshistorischem Gebiet. Die dafür erforderlichen Kenntnisse werden zuvor in einem dreisemestrigen Aufbaustudium erworben, wobei die Promotion häufig berufsbegleitend erfolgt. Die bisher entstandenen über 180 Dissertationen behandeln pharmaziegeschichtliche Themen von der Antike bis in die Gegenwart sowie auch zur Chemie- und Biologiegeschichte. Seit 2000 wird das Institut von Christoph Friedrich geleitet, der gemeinsam mit Wolf-Dieter Müller-Jahncke, einem Schüler von Rudolf Schmitz, den zweiten Band der von Schmitz begonnenen „Geschichte der Pharmazie“ verfasste, der den Zeitraum von der Frühen Neuzeit bis zum Jahre 2000 auf über 1200 Seiten behandelt.

Neben der Geschichte des Institutes wird auch die jüngste Buchpublikation von Friedrich vorgestellt: „Forscher, Künstler, Unternehmer. Apothekerkarrieren aus vier Jahrhunderten“. Das Werk widmet sich Leben und Wirken bedeutender Apotheker seit der Frühen Neuzeit, darunter auch solchen, die ihren Beruf aufgaben, um sich der Dichtkunst – wie Ludwig Bechstein (1801–1860) oder Georg Trakl (1887–1914) – zuzuwenden, bzw. als Unternehmer hervortraten, wie Carl Leverkus (1804–1889), Henri Nestlé (1814–1890) oder Dr. August Oetker (1862–1918).

Christoph Friedrich, geboren 1954 in Salzwedel/Altmark, studierte 1974–1979 in Greifswald Pharmazie und anschließend Geschichte. Nach dem Pharmazeutischen Staatsexamen folgte 1983 die Promotion mit einer universitätsgeschichtlichen Arbeit und 1987 die Habilitation für Geschichte der Pharmazie. 1990 erwarb er zusätzlich die Venia legendi für Medizingeschichte. 1992 wurde er zum Professor für Geschichte der Pharmazie/Sozialpharmazie in Greifswald ernannt und im Jahr 2000 folgte er einem Ruf auf die C4-Professur für Geschichte der Pharmazie an die Philipps-Universität Marburg. Von 2004–2012 war Friedrich Präsident der Deutschen Gesellschaft für Geschichte der Pharmazie. Forschungsschwerpunkte sind die Geschichte der Pharmazie vom 18. bis 20. Jahrhundert, speziell auch in der NS-Zeit und der DDR, Arzneimittelgeschichte, Apothekerbiographien und die Kulturgeschichte der Pharmazie.

Theologie im Paradies

Theologie im Paradies. Kleine Schriften zu Theologie und Religion 1
Herausgegeben von Marian Zachow
Elsas, Christoph:
Jenseitsvorstellungen in den Religionen
Kartoniert, 52 Seiten
ISBN 978-3-943556-16-2
Preis: 8,50 €

Die Veranstaltungsreihe heißt „Theologie im Paradies“ und findet im alten Klostergarten statt. Das Wort Paradies stammt aus dem Altpersischen und meint das Umzäunte, den Garten.

Leben ist Hoffen und Bangen – mit dem Tod hat die liebe Seele Ruh, und Paradies ist dabei das Ende allen Vermissens: Frieden durch Sättigung.

Auch wenn Jenseitsvorstellungen in den Religionen auf Offenbarungen gründen, sind diese Vorstellungen vom Jenseits, immer etwas Menschliches. Weil nichts Menschliches uns ganz fremd ist, können wir uns alle vier Grundperspektiven von paradiesischem Frieden vorstellen: 1. Auslöschung (wie westlich-humanistische oder auch chinesisch-daoistische Traditionen), 2. Auferstehung (wie Judentum, Christentum und Islam), 3. Wiedergeburt (wie Buddhismus und Brahmanen-Hinduismus) und 4. Abstammung (wie ethnische Religionen und auch Hinduismus oder westlicher Nationalismus).

Christoph Elsas, bis 2010 Professor für Religionsgeschichte am Fachbereich Evangelische Theologie der Universität Marburg; Schwerpunkt Religionsbegegnung und Dialog.